I 46 presiden

GW01425245

Le loro storie, imprese
Washington a Joe Biden (libro biografico
statunitense per ragazzi e adulti)

Da Student Press Books

Tabella dei contenuti

Introduzione

Incontra i 46 presidenti degli Stati Uniti - biografie per ragazzi/e dai 12 anni in su.

Questa è l'edizione breve, che presenta i profili riassuntivi di ogni presidente. Controlla l'edizione estesa (600 pagine) del libro per i profili presidenziali completi!

Benvenuti nella serie dedicata ai leader mondiali. Questo libro ti presenta i 46 presidenti degli Stati Uniti. Leggi le biografie e lasciati ispirare da tutti gli uomini coraggiosi che hanno osato governare l'America!

Questo libro è fattuale e informativo e racconta i tratti più importanti dei presidenti americani, la loro decisione di candidarsi e i loro successi e fallimenti.

Ti insegnerà tutto sui presidenti americani, comprese le loro storie e i loro successi, da George Washington a Joe Biden. Scoprirete anche alcuni fatti poco conosciuti su di loro!

Adorerai imparare di più su questi uomini coraggiosi che hanno osato essere il presidente degli Stati Uniti.

Questo libro della serie leader mondiali comprende:

- Affascinanti biografie - Scopri le vite dei 46 presidenti americani e i loro successi.
- Ritratti vivaci - Fai rivivere questi presidenti americani nella tua immaginazione con l'aiuto di illustrazioni avvincenti.

Sulla serie: La serie Leader Mondiali di Student Press Books presenta nuove prospettive sui presidenti degli Stati Uniti che ispireranno i giovani lettori a considerare il loro posto nella società e a conoscere la politica e la sua storia.

I 46 Presidenti americani si spinge ben oltre gli altri libri di biografie e mette in evidenza informazioni che altri libri tralasciano. Chi è il tuo presidente americano preferito?

Il tuo regalo

Hai un libro nelle tue mani.

Non è un libro qualsiasi, è un libro della Student Press Books! Scriviamo di eroi neri, donne che danno potere, mitologia, filosofia, storia e altri argomenti interessanti!

Dato che hai comprato un libro, vogliamo che tu ne abbia un altro gratis.

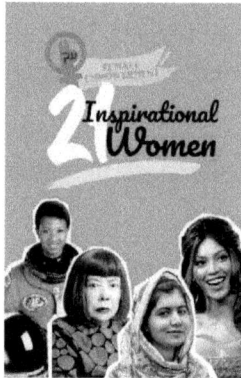

Tutto ciò di cui hai bisogno è un indirizzo e-mail e la possibilità di iscriverti alla nostra newsletter (il che significa che puoi cancellarti in qualsiasi momento).

Allora, cosa stai aspettando? Iscriviti oggi e richiedi il tuo libro gratis all'istante! Tutto quello che devi fare è visitare il link qui sotto e inserire il tuo indirizzo e-mail. Ti verrà inviato il link per scaricare subito la versione PDF del libro in modo da poterlo leggere offline in qualsiasi momento.

E non preoccupatevi - non ci sono fregature o costi nascosti; solo un buon vecchio omaggio da parte nostra qui a Student Press Books.

Visita subito questo link e iscriviti per ricevere la tua copia gratuita di uno dei nostri libri!

Link: https://campsite.bio/studentpressbooks

1. George Washington (1789-1797)

Partito non affiliato | Vicepresidente: John Adams

"È meglio essere soli che in cattiva compagnia".

Molti presidenti degli Stati Uniti sono stati onorati per le loro grandi conquiste, e le conquiste di George Washington lo hanno distinto come il padre del suo paese. Washington fu comandante in capo dell'esercito continentale durante la rivoluzione americana, presidente della convenzione che scrisse la Costituzione degli Stati Uniti e primo presidente degli Stati Uniti.

Washington guidò il popolo che trasformò gli Stati Uniti da colonia britannica a nazione autonoma. I suoi ideali di libertà e democrazia stabilirono uno standard per i futuri presidenti e per l'intero paese.

2. John Adams (1797-1801)

Partito federalista | Vicepresidente: Thomas Jefferson

"Tutto nella vita dovrebbe essere fatto con riflessione".

Come primo vicepresidente e secondo presidente degli Stati Uniti, John Adams fu uno dei padri fondatori della nuova nazione. Adams fu un delegato del Congresso Continentale dal 1774 al 1777 e uno degli unici due presidenti la cui firma appare sulla Dichiarazione d'Indipendenza. Adams partecipò anche alla negoziazione del Trattato di Parigi del 1783 che pose fine alla Rivoluzione Americana.

John Adams applicò le sue competenze in politica estera per assicurare la diplomazia con la Gran Bretagna dopo la Rivoluzione Americana e per evitare una potenziale guerra con la Francia durante la sua presidenza. Adams fu vicepresidente di George Washington dal 1789 al 1797 e poi succedette a Washington come presidente, servendo dal 1797 al 1801. Durante il suo mandato, Adams guidò il paese sostenendo i valori di libertà e democrazia sanciti dalla Costituzione degli Stati Uniti.

3. Thomas Jefferson (1801-1809)

Partito Democratico-Repubblicano | Vice presidenti: Aaron Burr e George Clinton

"Se vuoi qualcosa che non hai mai avuto devi essere disposto a fare qualcosa che non hai mai fatto".

Autore della Dichiarazione d'Indipendenza nel 1776, Thomas Jefferson fu poi il terzo presidente degli Stati Uniti, in carica dal 1801 al 1809. Durante la sua presidenza il territorio degli Stati Uniti raddoppiò con l'Acquisto della Louisiana. Per indagare la vastità di questa nuova terra acquisita nell'Ovest, inviò due dei più famosi esploratori della storia degli Stati Uniti, Meriwether Lewis e William Clark, per tracciare una pista attraverso le Montagne Rocciose fino all'Oceano Pacifico. Nella prima guerra d'oltremare della storia degli Stati Uniti, Thomas Jefferson inviò forze militari nel Mar Mediterraneo per schiacciare le minacce di pirateria di Tripoli.

Thomas Jefferson entrò nell'arena politica nel 1769 come legislatore dello stato della Virginia. Dal 1775 al 1801 ricoprì diverse posizioni pubbliche degne di nota, tra cui delegato del Congresso Continentale, governatore della Virginia, segretario di stato americano e vicepresidente degli Stati Uniti. Il suo periodo a Parigi durante gli anni 1780 come ambasciatore degli Stati Uniti in Francia portò più controversie riguardanti la sua vita personale che qualsiasi risultato nelle relazioni estere.

Thomas Jefferson, che possedeva schiavi, convocò Sally Hemings, una donna schiava, da casa sua a Parigi. La loro presunta relazione scatenò un dibattito sul fatto che lui fosse il padre di alcuni dei suoi figli, un dibattito che persistette a lungo dopo la sua morte.

Thomas Jefferson iniziò l'istruzione pubblica gratuita e la separazione tra Chiesa e Stato in Virginia; queste iniziative furono le pietre miliari per riforme simili in tutto il paese. Come attivista per i diritti degli stati, Jefferson fondò il Partito Repubblicano (più tardi il Partito Democratico-Repubblicano) per contrastare gli ideali federalisti di un potente governo federale. Padre fondatore del suo paese, Jefferson ispirò un senso di orgoglio nazionalistico per gli Stati Uniti basato sulla libertà e sui diritti umani.

4. James Madison (1809-1817)

Partito Democratico-Repubblicano | Vice presidenti: George Clinton e Elbridge Gerry

"Leggi uguali che proteggono diritti uguali... la migliore garanzia di lealtà e amore per la patria".

Padre della Costituzione, James Madison fu il quarto presidente degli Stati Uniti, in carica dal 1809 al 1817. Succeduto a Thomas Jefferson come presidente, Madison dovette affrontare le minacce navali britanniche oltreoceano e l'ostilità dei nativi americani suscitata dal risentimento britannico verso gli Stati Uniti. Questi fattori contribuirono alla Guerra del 1812 contro la Gran Bretagna. Anche se finì in una situazione di stallo, la guerra stabilì James Madison come un illustre leader del suo paese. Egli raggiunse il prestigio e la gloria nazionale senza "violare un diritto politico, civile o religioso".

James Madison fu ispirato dagli ideali di Jefferson durante la convenzione della Virginia del 1776, dove svilupparono una costituzione statale. I due statisti sostennero le riforme religiose e dell'istruzione pubblica in Virginia che alla fine furono adottate in altri stati e nel governo federale.

Nella Convenzione Costituzionale del 1787, James Madison ebbe un ruolo determinante nella stesura della Costituzione degli Stati Uniti. Essa divenne il fondamento della libertà e dei diritti umani a disposizione di tutti i cittadini statunitensi che erano stati guadagnati nella rivoluzione americana. James Madison e Jefferson stabilirono un'alleanza politica che portò alla nascita del partito repubblicano, che contrastava il partito federalista che percepivano come simile alla monarchia britannica.

James Madison fece carriera nella politica nazionale come membro della Camera dei Rappresentanti degli Stati Uniti dal 1789 al 1797. Alla Camera, si assicurò l'idea di Jefferson di includere il Bill of Rights nella Costituzione. Come segretario di stato degli Stati Uniti nel gabinetto del presidente Jefferson, Madison contese con la Gran Bretagna e la Francia i diritti di neutralità degli Stati Uniti in mare. Madison seguì le orme di Jefferson come leader di una nuova nazione destinata a diventare una potenza mondiale.

5. James Monroe (1817-1825)

Partito Democratico-Repubblicano | Vicepresidente: Daniel D. Tompkins

"Dobbiamo sostenere i nostri diritti o perdere il nostro carattere, e con esso, forse, le nostre libertà".

Il quinto presidente degli Stati Uniti fu James Monroe, il cui risultato più celebre durante la sua amministrazione (1817-25) fu la proposta della Dottrina Monroe nel 1823. Si trattava di una politica di riferimento per la difesa del Nord e Sud America contro le intrusioni straniere. I suoi due mandati come presidente portarono una crescente ricchezza nazionale, una forte espansione verso ovest e un nuovo interesse per strade, canali e ponti.

Veterano della rivoluzione americana e forte sostenitore dei principi di governo jeffersoniani, James Monroe divenne un influente leader statale e nazionale. Giocò un ruolo vitale come ambasciatore degli Stati Uniti nel negoziare l'acquisto della Louisiana nel 1803. La mancanza di partigianeria aprì la strada a un periodo che divenne noto come "l'Era del Buon Sentimento" a partire dall'inizio della sua presidenza. Acquistò il territorio della Florida per gli Stati Uniti nel 1819, e cinque territori statunitensi ottennero l'autonomia statale durante la sua amministrazione, tra cui il Mississippi (1817), l'Illinois (1818) e l'Alabama (1819). Il Maine (1820) e il Missouri (1821) furono ammessi dopo aspre controversie nel Congresso riguardo alla schiavitù. James Monroe fu l'ultimo presidente della "dinastia della Virginia" durante il periodo rivoluzionario della storia degli Stati Uniti.

6. John Quincy Adams (1825-1892)

**Partito Democratico-Repubblicano e Partito Nazionale Repubblicano |
Vicepresidente: John C. Calhoun**

"Prova e fallisci, ma non fallire nel provare".

Figlio maggiore di John Adams, il secondo presidente degli Stati Uniti,
John Quincy Adams seguì le orme del padre per servire come sesto
presidente degli Stati Uniti, dal 1825 al 1829. Il giovane Adams realizzò
ben pochi dei suoi piani di miglioramento all'interno del paese.

Fin dall'inizio della sua presidenza si trovò ad affrontare l'impietoso esame
del suo avversario politico, Andrew Jackson, che sosteneva che un "affare
corrotto" aveva dato a John Quincy Adams il vantaggio nelle elezioni del
1824. L'incapacità di superare le critiche mordaci dei seguaci di Jackson,

combinata con il passaggio di un'alta tariffa protettiva (o tassa) nel 1828, impedì ad Adams di vincere un secondo mandato.

John Quincy Adams ha dedicato la sua carriera al servizio del suo paese. Come diplomatico straniero, guidò la delegazione statunitense durante il Trattato di Gand che pose fine alla Guerra del 1812. Adams aiutò anche a negoziare l'acquisizione della Florida dalla Spagna e scese a compromessi con la Gran Bretagna per il territorio del nord-ovest. Il suo contributo alla Dottrina Monroe nel 1823, durante il suo mandato come segretario di stato americano, fornì una solida base per la politica estera degli Stati Uniti.

Dopo la sua presidenza John Quincy Adams servì nella Camera dei Rappresentanti per gli ultimi 17 anni della sua vita, impegnandosi a limitare l'espansione della schiavitù negli Stati Uniti. Nonostante le lotte personali e politiche nel corso della sua vita, Adams lottò diligentemente per la conservazione della libertà e il benessere della nazione.

7. Andrew Jackson (1829-1837)

Partito Democratico | Vice presidenti: John C. Calhoun e Martin Van Buren

"Non fatevi mai consigliare dalle vostre paure".

Con un umile background politico, Andrew Jackson introdusse un nuovo tipo di democrazia nel paese quando divenne il settimo presidente degli Stati Uniti nel 1829. Piuttosto che vincere un'elezione attraverso il tradizionale appoggio di un forte partito politico, Andrew Jackson trionfò con un appello diretto alla massa degli elettori. Fu il primo presidente degli Stati Uniti proveniente dall'area ad ovest degli Appalachi, e portò un nuovo approccio alla politica a Washington, D.C. Il suo movimento a favore della democrazia popolare e dell'uomo comune è diventato noto come Democrazia Jacksoniana.

Con una forte volontà e un'audace determinazione, Andrew Jackson guidò il paese con lo stesso rigore con cui condusse le sue conquiste militari nella Guerra del 1812 e nella Prima Guerra Seminole, che aprì la strada all'annessione della Florida da parte degli Stati Uniti. Il suo temperamento focoso incuteva il rispetto dei suoi subordinati, degli amici e dei nemici. Alla Casa Bianca, Jackson superò una crisi con la Carolina del Sud sulla nullificazione (o dichiarazione di invalidità) delle leggi federali.

Andrew Jackson spinse le tribù di nativi americani più a ovest. Per eliminare la corruzione bancaria, pose il veto sullo statuto della banca federale. Jackson influenzò anche la crescita del Partito Democratico che stimolò la rinascita della politica bipartitica.

8. Martin Van Buren (1837-1841)

Partito democratico | Vicepresidente: Richard Mentor Johnson

"È più facile fare bene un lavoro che spiegare perché non l'hai fatto".

Il primo presidente nato come cittadino degli Stati Uniti fu Martin Van Buren, che fu l'ottavo presidente degli Stati Uniti e uno dei fondatori del partito democratico. Prima del suo mandato nel 1837-1841, i primi sette presidenti erano nati prima della firma della Dichiarazione d'Indipendenza, rendendoli soggetti britannici alla nascita.

Martin Van Buren entrò alla presidenza nel mezzo di un'economia nazionale sofferente. Molti dei suoi compagni democratici incolparono la sua amministrazione per non aver invertito lo stato dell'economia, e molti di loro trasferirono la loro fedeltà al partito rivale Whig. Inoltre, i democratici del sud erano scontenti della sua posizione antischiavista, uno dei fattori che contribuirono alla sua sconfitta per la rielezione nel 1840.

Ispirato dai principi jeffersoniani, Van Buren divenne un eminente politico di New York prima di ascendere nell'arena nazionale, prima nel Senato degli Stati Uniti, poi come segretario di stato del presidente Andrew Jackson e successivamente come vicepresidente di Jackson. Durante la turbolenta presidenza di Jackson, Martin Van Buren rimase fedele all'uomo che ammirava come leader. Van Buren tentò di seguire l'esempio di Jackson quando entrò alla Casa Bianca nel 1837.

9. William Henry Harrison (1841-1841)

Partito Whig | Vicepresidente: John Tyler

"Non c'è niente di più corrotto, niente di più distruttivo dei sentimenti più nobili e raffinati della nostra natura, che l'esercizio di un potere illimitato".

Il 4 marzo 1841, il generale William Henry Harrison cavalcò alacremente lungo Pennsylvania Avenue a Washington, D.C., per essere inaugurato nono presidente degli Stati Uniti. Snello e leggermente curvo, il vincitore della battaglia di Tippecanoe aveva 68 anni: l'uomo più anziano ad essere eletto presidente nel XIX secolo. Solo un mese dopo, il 4 aprile, William Henry Harrison morì alla Casa Bianca - il primo presidente a morire in carica.

Questa tragedia, così presto dopo il trionfo, fu tipica degli alti e bassi della vita di William Henry Harrison. Nato da una famiglia benestante, lasciò la casa a soli 18 anni per farsi strada da solo. Dopo una lunga carriera nell'esercito degli Stati Uniti, subì attacchi politici sulla sua abilità di leader militare.

Come agricoltore e uomo d'affari, William Henry Harrison scivolò dalla prosperità a un pesante debito. Quando fu eletto presidente degli Stati Uniti, era contento di guadagnare un piccolo stipendio come impiegato di contea. Eppure, attraverso tutte le avversità, William Henry Harrison fu sempre un gentiluomo, gentile, educato e forte di un coraggio costante.

10. John Tyler (1841-1845)

Partito Whig e Partito non affiliato | Vicepresidente: Nessuno (vacante)

"Tutto ciò che dipende dall'azione umana è suscettibile di abuso".

L'alto e taciturno John Tyler non si sarebbe mai aspettato di diventare presidente degli Stati Uniti. Quando fu eletto vicepresidente nel 1840, con William Henry Harrison come presidente, John Tyler era solo una pedina politica. Harrison, però, morì dopo solo un mese di mandato e Tyler divenne presidente: il primo vicepresidente a succedere alla presidenza per la morte di un presidente.

L'amministrazione di Tyler fu burrascosa. Personalmente, John Tyler era mite e cortese. Politicamente non aveva altro che nemici. Più volte folle inferocite lo bruciarono in effigie, anche in vista della Casa Bianca, ma lui non mostrò mai rabbia.

Le opinioni su di lui sono molto diverse. Il presidente Theodore Roosevelt dichiarò: "Tyler è stato definito un uomo mediocre, ma questa è una lusinga ingiustificata. Era un politico di monumentale piccolezza". Prima che diventasse presidente, Woodrow Wilson disse che "la natura e l'abitudine vietavano a John Tyler un franco ... senza esitazione.... non aveva né l'iniziativa né l'audacia sufficiente per il comando".

Alcuni storici successivi, tuttavia, dicono che i suoi nemici politici scambiarono la cortesia di Tyler per debolezza. Essi ammettono che egli vacillò su alcune questioni, ma sottolineano che i suoi critici di solito ignorano i suoi risultati come presidente. Questi storici definiscono John Tyler un amministratore abile e lungimirante, un abile conciliatore e un ottimo diplomatico negli affari esteri.

John Tyler guidò il Congresso a riorganizzare la Marina, a stabilire il nucleo dell'attuale Osservatorio Navale e a promuovere un sistema telegrafico nazionale, che divenne il cuore del Weather Bureau. La leadership di John Tyler aiutò a porre fine alle costose guerre indiane dei Seminole.

La sua mediazione portò al trattato Webster-Ashburton, che stabilì il confine del Maine e del Canada. Il suo giudizio calmo mise fine alla ribellione di Dorr nel Rhode Island. John Tyler aiutò a negoziare il trattato con la Cina per aprire i suoi porti per la prima volta. Infine, nei suoi ultimi giorni da presidente ottenne dal Congresso una risoluzione per annettere il Texas.

11. James K. Polk (1845-1849)

Partito democratico | Vicepresidente: George M. Dallas

*"Nessun presidente che compie i suoi doveri
fedelmente e coscienziosamente può avere del tempo
libero".*

"Chi è James K. Polk?" si chiese la gente quando fu nominato presidente
dai democratici. Era una domanda ragionevole, perché Polk era il primo
"cavallo scuro" - candidato di compromesso - ad essere nominato.

L'esile e laborioso James Polk aveva servito in un ufficio pubblico per 18
anni nonostante la sua fragile salute. Estremamente coscienzioso, serio e
metodico, mancava della personalità drammatica che catturasse
l'attenzione del pubblico. L'annuncio della sua elezione a 11° presidente,
tuttavia, fu uno dei più drammatici della storia. Fu portato da un

messaggero segreto su un cavallo veloce all'alba. L'amministrazione di Polk, inoltre, realizzò diverse misure costruttive per gli Stati Uniti.

Nessun presidente era più consapevole della sua posizione e responsabilità di James Polk. Nel suo diario privato si riferiva spesso a se stesso come "il Presidente". Si alzava alle sei del mattino e lavorava fino a notte fonda.

James Polk sembrava sentire che l'intero governo e la nazione dipendessero da lui. Sebbene avesse una voce dolce e insolitamente cortese, Polk dominava il suo gabinetto e dirigeva con fermezza gli affari esteri. Alcuni storici lo hanno sminuito. Altri dicono che i suoi critici non tengono conto delle sue conquiste.

12. Zachary Taylor (1849-1850)

Partito Whig | Vicepresidente: Millard Fillmore

*"Ho sempre fatto il mio dovere. Sono pronto a morire.
Il mio unico rimpianto è per gli amici che lascio dietro
di me".*

Il primo presidente degli Stati Uniti eletto dopo la guerra messicano-americana fu un eroe popolare di quella guerra, il generale Zachary Taylor. Dopo 40 anni nell'esercito, divenne il primo uomo a occupare la più alta carica della nazione senza precedenti esperienze politiche. Il problema più grande che dovette affrontare fu come organizzare il grande territorio del sud-ovest acquisito dal Messico.

Il più grande risultato dell'amministrazione del presidente Taylor fu negli affari esteri. Nel 1850 il suo segretario di stato, John M. Clayton, organizzò il trattato Clayton-Bulwer con la Gran Bretagna. Questo accordo aprì la strada alla costruzione del Canale di Panama mezzo secolo dopo.

Nel mezzo di una crisi nazionale tra il Nord e il Sud sul territorio, Zachary Taylor morì improvvisamente il 9 luglio 1850, solo 16 mesi dopo il suo insediamento.

13. Millard Fillmore (1850-1853)

Partito Whig | Vicepresidente: Nessuno (vacante)

"E una sconfitta onorevole è meglio di una vittoria disonorevole".

Nel 1850 gli Stati Uniti erano vicini alla guerra civile per lo spinoso problema della schiavitù. Una proposta di compromesso aveva scatenato la più grande tempesta politica nella storia della nazione. In mezzo a questa aspra lotta il presidente Zachary Taylor morì improvvisamente il 9 luglio 1850. A succedere alla presidenza fu il vicepresidente Millard Fillmore, un Whig di New York.

Millard Fillmore lavorò duramente per assicurare il passaggio di cinque misure separate che trattavano il problema della schiavitù. Questo insieme di leggi, chiamato Compromesso del 1850, rimandò la guerra per altri 10 anni. Mise anche fine alla carriera politica di Fillmore. Il Partito Whig rifiutò di nominarlo per un secondo mandato nel 1852, e Fillmore divenne così l'ultimo presidente Whig della nazione.

Come gli altri presidenti tra Jackson e Abraham Lincoln, Millard Fillmore non riuscì a vincere un secondo mandato. Il suo sostegno al Compromesso del 1850 gli costò l'appoggio di molti leader di partito del nord, anche se i Whig del sud erano favorevolmente disposti verso di lui. In retrospettiva si è capito che il suo obiettivo nell'accettare il compromesso era molto simile a quello di Lincoln un decennio dopo. Voleva preservare l'Unione a tutti i costi, indipendentemente dal risultato della questione della schiavitù.

14. Franklin Pierce (1853-1857)

Partito Democratico | Vicepresidente: William R. King (poi vacante)

"Se il tuo passato è limitato, il tuo futuro è senza limiti".

Nel 1852 i democratici non riuscirono a mettersi d'accordo su uno dei loro leader di partito per la nomination presidenziale. Alla fine si rivolsero ad un avvocato poco conosciuto del New Hampshire, Franklin Pierce, come loro candidato.

Al momento dell'elezione di Pierce, la questione della schiavitù era stata temporaneamente calmata dal Compromesso del 1850. Quando il problema si ripresentò improvvisamente durante la sua amministrazione, Franklin Pierce ebbe poco successo nell'affrontarlo. Le sue mutevoli opinioni lo resero impopolare, specialmente nel Nord, e Franklin Pierce non riuscì a vincere un secondo mandato.

15. James Buchanan (1857-1861)

Partito democratico | Vicepresidente: John C. Breckinridge

"Qualunque sia il risultato, porterò nella tomba la consapevolezza di aver almeno avuto buone intenzioni per il mio paese.

Quando James Buchanan divenne presidente nel 1857, aveva un record di 42 anni di servizio pubblico quasi continuo. Anche con questa lunga esperienza, James Buchanan non fu un leader di successo in un momento di grande crisi per gli Stati Uniti.

I problemi della schiavitù avevano gradualmente diviso la nazione in due parti ostili: il Nord e il Sud. Mentre il suo mandato stava finendo, sette stati schiavisti del profondo Sud sfruttarono l'evento dell'elezione di Lincoln per secedere dall'Unione. Crearono un governo indipendente, gli

Stati Confederati d'America. Buchanan non fu in grado di impedire questa azione. Il risultato fu la guerra civile americana, che iniziò durante l'amministrazione del suo successore, Abraham Lincoln.

L'amministrazione di James Buchanan è nota anche per il crollo del partito democratico e l'ascesa al potere del nuovo partito repubblicano. Per i successivi 24 anni furono eletti solo presidenti repubblicani.

16. Abraham Lincoln (1861-1865)

Partito Repubblicano e Partito dell'Unione Nazionale | Vice presidenti: Hannibal Hamlin e Andrew Johnson

"Non sono obbligato a vincere, ma sono obbligato ad essere vero. Non sono obbligato ad avere successo, ma sono obbligato a vivere all'altezza della luce che ho".

Il 16° presidente degli Stati Uniti, Abraham Lincoln, è uno dei più grandi statisti americani. Molti storici lo collocano anche tra i più grandi uomini di tutti i tempi. Lincoln arrivò alla presidenza in un momento di grande crisi, con il paese sull'orlo di una guerra civile che minacciava di dividere il Nord dal Sud.

Combinando i suoi ruoli di statista e di comandante in capo, Abraham Lincoln condusse gli eserciti federali alla vittoria e tenne unita l'Unione. Lungo la strada ha portato alla fine della schiavitù negli Stati Uniti.

Abraham Lincoln è diventato un mito oltre che un uomo. A parte il suo ruolo storico come salvatore dell'Unione e il Grande Emancipatore degli schiavi, è stato celebrato per la sua straordinaria storia di vita e la sua fondamentale umanità. Nato in una capanna di legno sulla frontiera, Abraham Lincoln ha fatto la sua strada nella vita per salire alla più alta carica del paese.

Abraham Lincoln lo fece rimanendo un fermo idealista che non si sarebbe fatto sviare dalla giusta linea d'azione, un uomo di gentile e coraggiosa pazienza, e un credente in quella che lui chiamava la "famiglia dell'uomo".

L'eredità di Lincoln è comunque complessa. Ai suoi tempi, molti sudisti lo ritenevano il distruttore della loro libertà e del loro stile di vita. Oggi, alcuni storici conservatori continuano a criticare Lincoln per aver usato il potere del governo nazionale per calpestare i diritti degli stati. Nella visione di Lincoln, però, l'Unione doveva essere preservata a tutti i costi. Valeva la pena salvarla non solo per se stessa, ma anche perché incarnava un ideale, l'ideale dell'autogoverno.

La passione di Abraham Lincoln come portavoce della democrazia è un elemento chiave del fascino unico e duraturo di Lincoln, sia per i suoi compatrioti che per le persone di tutto il mondo.

17. Andrew Johnson (1865-1869)

Partito dell'Unione Nazionale e Partito Democratico | Vicepresidente: Nessuno (vacante)

"Se sostieni sempre i principi corretti, allora non otterrai mai i risultati sbagliati!"

Andrew Johnson divenne un personaggio pubblico durante la più grande crisi della nazione: la guerra civile americana. Sebbene provenisse dallo stato schiavista del Tennessee, Johnson si rifiutò di dimettersi da senatore degli Stati Uniti quando lo stato si secesse; invece, Andrew Johnson lavorò per preservare l'Unione. Per i suoi sforzi vinse la vicepresidenza, entrando in carica nel marzo 1865. Sei settimane dopo Abraham Lincoln fu assassinato e Johnson divenne presidente.

A suo tempo l'amministrazione di Johnson fu ampiamente condannata. Le sue politiche di ricostruzione furono aspramente contrastate al Congresso dai Radicali, la fazione di maggioranza del partito repubblicano. Le lotte politiche che ne derivarono portarono ad un tentativo senza successo nel Senato degli Stati Uniti di rimuovere Andrew Johnson dall'incarico.

18. Ulysses S. Grant (1869-1877)

Partito repubblicano | Vice presidenti: Schuyler Colfax e Henry Wilson

"In ogni battaglia arriva un momento in cui entrambe le parti si considerano sconfitte, allora vince chi continua l'attacco".

Da umili origini, Ulysses S. Grant arrivò a comandare tutti gli eserciti dell'Unione nella guerra civile americana e a condurli alla vittoria. La sua popolarità fu così grande che il popolo lo elesse due volte alla presidenza.

Durante la guerra civile, Hiram Ulysses Grant stesso prese il comando degli eserciti dell'Unione in Oriente. Il 4 maggio 1864, l'esercito attraversò il fiume Rapidan in Virginia. Grant sperava di passare indisturbato attraverso l'intricata foresta di Wilderness, ma Lee attaccò e l'esercito di Grant subì perdite spaventose. Grant, tuttavia, non tornò indietro. "Propongo", disse, "di combattere su questa linea, anche se ci volesse tutta l'estate".

Hiram Ulysses Grant andò poi a Washington per sciogliere l'esercito. Nel 1866 il Congresso rinnovò per lui il grado di generale a tutti gli effetti, un titolo non utilizzato da quando George Washington l'aveva detenuto. La paga diede a Grant la sicurezza finanziaria, e divenne una figura familiare nelle strade nel suo calesse leggero, guidando un cavallo vivace. I doni vennero fatti su di lui. Galena e Philadelphia gli regalarono entrambe delle case. New York City gli diede 100.000 dollari.

L'elezione e la presidenza

La convenzione nazionale repubblicana a Chicago nominò Grant presidente all'unanimità, con Schuyler Colfax dell'Indiana come vicepresidente.

Nel suo discorso inaugurale, Hiram Ulysses Grant aveva parlato della necessità di ripensare la politica del governo federale verso i nativi americani. Chiamò gli indiani "gli occupanti originali di questa terra" e promise di lavorare per la loro "cittadinanza finale". Grant nominò Ely S. Parker, un indiano Seneca che aveva servito sotto di lui durante la guerra civile, come commissario per gli affari indiani. Parker fu il primo nativo americano a ricoprire la carica. Parker implementò i piani di Grant per gli indiani, che divennero noti come la sua Peace Policy.

Nell'estate del 1885 Julia Grant portò suo marito sugli Adirondack vicino a Saratoga, New York. Lì finì le sue Memorie personali circa una settimana prima che Hiram Ulysses Grant morisse il 23 luglio.

19. Rutherford B. Hayes (1877-1881)

Partito repubblicano | Vicepresidente: William A. Wheeler

"Una delle prove della civiltà di un popolo è il trattamento dei suoi criminali".

L'elezione presidenziale del 1876 tra Rutherford B. Hayes e Samuel Tilden fu la più aspramente contestata nella storia degli Stati Uniti. Sia i democratici che i repubblicani si accusarono a vicenda di frode. Solo il 2 marzo, due giorni prima della scadenza del mandato del presidente Grant, la questione fu finalmente risolta. La commissione elettorale decise in favore del candidato repubblicano, Hayes.

20. James A. Garfield (1881-1881)

Partito repubblicano | Vicepresidente: Chester A. Arthur

"La verità vi renderà liberi, ma prima vi renderà infelici".

Nato in una capanna di legno, James Abram Garfield è salito con i suoi stessi sforzi fino a diventare presidente di un college, un maggior generale nella guerra civile, un leader nel Congresso e infine presidente degli Stati Uniti. Quattro mesi dopo il suo insediamento, fu colpito da un assassino. Dopo settimane di sofferenza, morì.

21. Chester A. Arthur (1881-1885)

Partito repubblicano | Vicepresidente: Nessuno (vacante)

"Sii adatto a qualcosa di più di quello che stai facendo ora. Fai sapere a tutti che hai una riserva in te stesso; che hai più potere di quello che stai usando ora".

La sera del 19 settembre 1881, il vicepresidente Chester A. Arthur era nella sua casa al 123 di Lexington Avenue a New York City. Attraverso le finestre aperte poteva sentire i giornalisti gridare: "Il presidente Garfield sta morendo!". Verso mezzanotte ricevette un telegramma dai membri del gabinetto di James A. Garfield che lo informava della morte del presidente e gli consigliava di prestare il giuramento senza indugio.

Chester Alan Arthur fece il giuramento con ferma risoluzione, ma il suo cuore era pesante. Sapeva che milioni di americani lo consideravano inadatto alla presidenza degli Stati Uniti.

22 & 24. Grover Cleveland (1885-1889, 1893-1897)

Partito democratico | Vicepresidente: Thomas A. Hendricks

Grover Cleveland ha servito come $^{22°}$ e $^{24°}$ presidente.

"So di essere onesto e sincero nel mio desiderio di fare bene; ma la questione è se so abbastanza per realizzare ciò che desidero".

Grover Cleveland fu inflessibile nella sua opposizione all'espansione estera. Nel 1893 ritirò dal Senato un trattato che chiedeva l'annessione delle Hawaii. Nel 1895, quando i cubani si rivoltarono contro la Spagna, egli mantenne fermamente la neutralità. Tuttavia intraprese un'azione vigorosa contro la Gran Bretagna nella sua disputa con il Venezuela e riuscì ad avere il confine della Guiana britannica (ora Guyana) regolato da un arbitrato.

Quando il suo secondo mandato volgeva al termine, il partito di Grover Cleveland rifiutò il gold standard e nominò Bryan. Il candidato repubblicano, William McKinley, vinse le elezioni. Cleveland si ritirò a Princeton, New Jersey, dove comprò una villa chiamata Westland.

Gradualmente l'opinione pubblica cambiò e i discorsi e gli articoli di Cleveland furono richiesti. Nel 1904 vide il partito democratico dichiarare per il gold standard, "stabilito dalla caparbia persistenza e dall'indomabile volontà di Grover Cleveland". Grover Cleveland morì a Westland il 24 giugno 1908 e fu sepolto nel vecchio cimitero di Princeton. Un monumento nazionale all'Università di Princeton lo onora.

23. Benjamin Harrison (1889-1893)

Partito repubblicano | Vicepresidente: Levi P. Morton

"La preghiera ci stabilizza quando si cammina in luoghi scivolosi - anche se le cose chieste non vengono date".

Quasi mezzo milione di persone rimasero sotto la pioggia per assistere all'inaugurazione di Benjamin Harrison nel 1889. Era l'inaugurazione del centenario della nazione. Solo 100 anni prima George Washington era diventato il primo presidente degli Stati Uniti.

Alcuni anziani nella folla ricordavano l'inaugurazione del nonno di Benjamin Harrison, William Henry Harrison. "Il cappello del nonno si adatta a Ben" era una canzone della campagna repubblicana. I vignettisti, tuttavia, amavano immaginare il nuovo presidente con un "cappello del nonno" troppo grande per lui. Benjamin Harrison era un uomo piccolo, alto appena un metro e mezzo.

L'unico mandato del presidente Harrison cadde tra i due mandati di Grover Cleveland, un democratico. Cleveland era popolare tra la gente ma impopolare tra i leader politici. Harrison non era popolare con nessuno dei due. C'era davvero qualcosa di misterioso nel fatto che fosse stato eletto. Era serio e dignitoso, non un politico che stringeva le mani e non un leader di uomini.

25. William McKinley (1897-1901)

Partito repubblicano | Vice presidenti: Garret Hobart e Theodore Roosevelt

"Nel momento della più cupa sconfitta, la vittoria può essere più vicina".

Il 25° presidente degli Stati Uniti fu William McKinley. Fu il leader del paese quando, alla fine del XIX secolo, divenne improvvisamente una potenza mondiale grazie alle acquisizioni territoriali all'estero dopo la guerra ispano-americana.

Pochi uomini nella vita pubblica sono stati più amati dal popolo americano di McKinley, e pochi hanno avuto amici più devoti. Non per le sue azioni come presidente e nemmeno per la sua tragica morte per mano di un assassino, ma semplicemente perché era uno degli uomini più gentili, gentili e premurosi.

William McKinley era naturalmente socievole e gioviale, ma a causa della salute malata di sua moglie condussero una vita molto tranquilla. Durante gli anni alla Casa Bianca, l'intrattenimento era limitato alle funzioni di stato. McKinley di solito passava le sue serate a casa, leggendo poesie ad alta voce mentre sua moglie lavorava all'uncinetto. Non aveva hobby e mai, nemmeno da bambino, si impegnò nello sport, eppure era un compagno delizioso, pieno di divertimento e di buon umore.

William McKinley era un uomo basso e tarchiato. Si portava rigidamente eretto, in uno sforzo inconscio per aumentare la sua altezza. Alcuni fumettisti dell'epoca pensavano che assomigliasse all'imperatore francese Napoleone. William McKinley si vestiva con grande cura. Un garofano rosso all'occhiello del suo cappotto e un immacolato gilet di lino bianco erano freschi ogni giorno.

26. Theodore Roosevelt (1901-1909)

Partito repubblicano | Vicepresidente: Charles W. Fairbanks

"Fai quello che puoi, con quello che hai, dove sei".

Il più giovane presidente degli Stati Uniti fu Theodore Roosevelt. Era stato vicepresidente sotto William McKinley. Entrò in carica nel 1901, poco prima del suo 43° compleanno, quando McKinley fu ucciso da un anarchico. Fu eletto a pieno titolo nel 1904.

Theodore Roosevelt aveva un'energia tremenda e uno spirito elevato. Un capitano della polizia di New York ha osservato dopo la sua morte: "Non solo era un grande uomo, ma, oh, era così divertente essere guidati da lui". L'editore di un giornale di New York, James Gordon Bennett, Jr, disse di lui: "Quando lui è nei paraggi il pubblico non può guardare dall'altra parte più di quanto un ragazzino possa distogliere la testa da una parata del circo seguita da una calliope a vapore".

27. William Howard Taft (1909-1913)

Partito repubblicano | Vicepresidente: James S. Sherman

"Non scrivere per essere capito, scrivi per non essere frainteso".

L'unico uomo della nazione a ricoprire le due più alte cariche fu William Howard Taft. Fu il 27° presidente degli Stati Uniti e più tardi (1921-1930) il giudice capo della Corte Suprema degli Stati Uniti. Nessun uomo era più adatto a questi incarichi grazie a lunghi anni di esperienza. Era stato in carica pubblica quasi ininterrottamente dal 1881.

William Howard Taft fu il primo governatore civile delle Filippine (1901-1903) e segretario alla guerra nel gabinetto del presidente Theodore Roosevelt (1904-1909), solo due delle molte alte cariche che ha ricoperto.

Le sue grandi dimensioni e la sua famosa risata hanno reso Taft una figura memorabile. Era alto 5 piedi e 11 pollici, con pelle chiara, occhi azzurri e capelli chiari. All'epoca in cui era presidente pesava 350 libbre. William Howard Taft scherzava sulla sua mole e non si offendeva per le battute degli altri. Alla richiesta di accettare una "cattedra di diritto" all'Università di Yale, rispose che l'avrebbe fatto se avessero potuto farne un "divano di diritto". Le sedie erano un problema. Ha sempre "guardato prima di sedersi" per evitare poltrone o pezzi d'antiquariato in cui poteva rimanere incastrato o crollare.

Quando William Howard Taft era governatore delle Filippine, fece un viaggio in montagna a beneficio della sua salute. Ha telegrafato al segretario alla guerra Elihu Root: "Ho sopportato bene il viaggio. Ho cavalcato per 25 miglia fino a 5.000 piedi di altezza". Root rispose con un cablogramma: "Facendo riferimento al suo telegramma ... come sta il cavallo?"

Il suo biografo, Henry F. Pringle, ha descritto la risatina di Taft: "Era a tutti gli effetti la risata più contagiosa nella storia della politica. Cominciava con un tremito silenzioso dell'ampio stomaco di Taft. Il segno successivo fu una pausa nella lettura del suo discorso e la diffusione di un lento sorriso sul suo volto. Poi arrivò una specie di sorso che sembrò sfuggire senza che lui fosse consapevole che il culmine era vicino. Le risate seguivano con forza la risata stessa, e il pubblico invariabilmente si univa a loro".

William Howard Taft aveva una reputazione di pigrizia e di rimandare le cose da un giorno all'altro che era probabilmente infondata, perché Taft realizzò una grande quantità di lavoro. Un brillante conversatore e narratore, era considerato un ospite perfetto.

William Howard Taft amava intrattenere ed essere intrattenuto, e spesso cenava fuori in case private, anche se i presidenti di solito non lo fanno mentre sono in carica. Nonostante la sua stazza era un ballerino aggraziato e giocava bene a tennis. Taft andava a cavallo quasi ogni giorno, era un appassionato golfista e un fan del baseball.

28. Woodrow Wilson (1913-1921)

Partito democratico | Vicepresidente: Thomas R. Marshall

"L'amicizia è l'unico cemento che terrà insieme il mondo".

Il presidente che guidò gli Stati Uniti nei duri anni della prima guerra mondiale fu Woodrow Wilson. Fu probabilmente l'unico presidente che fu un brillante studente e insegnante, oltre che uno statista. Era stato professore universitario, presidente della Princeton University e autore di libri sul governo americano.

Woodrow Wilson era stato anche governatore del New Jersey. Ha elaborato le sue convinzioni politiche in classe. Poi entrò in politica per mettere in pratica le sue teorie di governo.

29. Warren G. Harding (1921-1923)

Partito repubblicano | Vicepresidente: Calvin Coolidge

"L'onestà è il grande essenziale. Esalta la cittadinanza individuale e, senza l'onestà, nessun uomo merita la fiducia del popolo nell'attività privata o nelle cariche pubbliche".

"Ritorno alla normalità" era lo slogan della campagna di Warren G. Harding, 29° presidente degli Stati Uniti. L'idea piacque così tanto agli elettori americani del 1920, stanchi della guerra, che elessero questo editore di giornali dell'Ohio con una pluralità di 7 milioni di voti.

Warren G. Harding morì il 2 agosto 1923, prima della fine del suo mandato, ma le sue politiche conservatrici furono seguite da altri presidenti repubblicani durante i prosperi anni '20.

30. Calvin Coolidge (1923-1929)

Partito repubblicano | Vicepresidente: Charles G. Dawes

"Niente al mondo può prendere il posto della persistenza. Il talento non lo farà; . . . Il genio non lo farà; . . . L'educazione non lo farà; . . . Solo la persistenza e la determinazione sono onnipotenti".

Il sesto vicepresidente a diventare presidente degli Stati Uniti alla morte del capo dell'esecutivo fu Calvin Coolidge. Ha prestato giuramento come trentesimo presidente alle 2:47 del mattino del 3 agosto 1923, poche ore dopo la morte del presidente Warren G. Harding.

Eletto per un secondo mandato nel 1924, Coolidge fu un presidente popolare. Repubblicano, servì in un periodo di rapida crescita industriale e commerciale, alti profitti e prezzi di borsa in aumento, chiamato il periodo della "prosperità Coolidge". In questo giorno di ricchezze rapide e spese gratuite, Calvin Coolidge rappresentava le sane virtù yankee di economia, prudenza e rispetto per se stessi.

31. Herbert Hoover (1929-1933)

Partito repubblicano | Vicepresidente: Charles Curtis

"Sii paziente e calmo; nessuno può prendere pesci con la rabbia".

Quando gli elettori degli Stati Uniti elessero Herbert Hoover 31° presidente nel 1928, il paese stava godendo di un boom industriale e finanziario. Entro sette mesi dal suo insediamento, però, il paese fu inghiottito da una depressione che travolse il mondo intero.

Herbert Hoover escogitò misure di emergenza sia in campo interno che estero. Le condizioni, tuttavia, peggiorarono costantemente finché alla fine del suo mandato più di 12 milioni di persone erano disoccupate. Incolpato per i tempi difficili, fu sconfitto nelle elezioni del 1932.

32. Franklin D. Roosevelt (1933-1945)

Partito Democratico | Vice presidenti: John Nance Garner, Henry A. Wallace e Harry S. Truman

"Non possiamo sempre costruire il futuro per i nostri giovani, ma possiamo costruire i nostri giovani per il futuro".

Molti americani avevano forti sentimenti nei confronti di Franklin D. Roosevelt durante i suoi 12 anni di presidenza. Molti lo odiavano. Pensavano che stesse distruggendo il paese e lo stile di vita americano. Molti lo amavano. Credevano che fosse un grande presidente, veramente interessato alle persone.

Franklin D. Roosevelt divenne presidente nel 1933. Gli Stati Uniti erano allora nella morsa di una depressione economica mondiale. Milioni di persone non avevano lavoro e non avevano soldi. Roosevelt usò i suoi poteri per creare posti di lavoro e per aiutare coloro che avevano bisogno di aiuto. Per fare questo dovette cambiare il ruolo del governo nella vita nazionale. Bene o male, molte delle idee di Roosevelt sul governo sono ancora parte della legge del paese.

Franklin D. Roosevelt è stato un grande leader. Durante la Seconda Guerra Mondiale fu il vero comandante in capo delle forze armate americane. Si occupò della potenza industriale del paese.

Franklin D. Roosevelt ha avuto un ruolo importante nella creazione delle Nazioni Unite. In pace e in guerra ha sempre avuto il popolo dietro di sé. Alcuni dei suoi metodi possono essere messi in discussione, ma i suoi obiettivi erano buoni.

33. Harry S. Truman (1945-1953)

Partito democratico | Vicepresidente: Alben W. Barkley

"Leggendo le vite dei grandi uomini, ho scoperto che la prima vittoria che hanno ottenuto è stata quella su se stessi... l'autodisciplina con tutti loro è venuta prima".

Era il tardo pomeriggio di una calda giornata di primavera. Il vicepresidente Harry S. Truman aveva appena finito di ascoltare un dibattito al Senato. Gli fu dato un messaggio telefonico. Gli chiedeva di raggiungere la Casa Bianca il più presto possibile. Il presidente Franklin D. Roosevelt era morto a Warm Springs, in Georgia. Quella sera, il 12 aprile 1945, alle 19:09, Harry S. Truman fece il giuramento come 33° presidente degli Stati Uniti.

Quando ebbe finito di prestare giuramento, il presidente Truman baciò la Bibbia. Più tardi disse a diversi giornalisti della Casa Bianca: "Mi sento come se la luna e tutte le stelle e tutti i pianeti fossero caduti su di me. Per favore, ragazzi, datemi le vostre preghiere. Ne ho molto bisogno".

Il nuovo presidente dovette affrontare molte difficoltà. La fine della Seconda Guerra Mondiale era in vista, ma le forze americane stavano ancora combattendo in Europa e nel Pacifico. La gente a casa provvedeva ai bisogni dei propri combattenti e aiutava gli alleati con un costo totale di quasi 90 miliardi di dollari all'anno. Era stata sviluppata una bomba atomica. Era l'arma più potente che il mondo avesse mai conosciuto. Il presidente Truman sapeva che doveva decidere se usare o meno la bomba nella guerra con il Giappone.

La vittoria e la pace portarono anche i loro problemi. La nuova amministrazione dovette affrontare le questioni di come trattare con le nazioni sconfitte e come aiutare i popoli appena liberati. Doveva partecipare alla pianificazione di un'organizzazione mondiale delle nazioni per imporre la pace. Sul fronte interno c'era il gigantesco compito di ristabilire l'economia della nazione in tempo di pace.

34. Dwight D. Eisenhower (1953-1961)

Partito repubblicano | Vicepresidente: Richard Nixon

"Nessun uomo vale le tue lacrime, ma quando ne trovi uno che lo è, non ti farà piangere".

Nella seconda guerra mondiale il generale Dwight D. Eisenhower divenne uno dei comandanti di maggior successo della storia. Dopo la guerra aggiunse alla sua reputazione militare il suo lavoro come capo di stato maggiore dell'esercito. Più tardi divenne il primo capo degli eserciti dell'Organizzazione del Trattato Nord Atlantico (NATO). Passando alla politica nel 1952, Eisenhower dimostrò di essere un comandante di successo anche in quel campo.

Dopo aver vinto la nomination repubblicana per la presidenza, sconfisse in modo schiacciante il candidato democratico, Adlai E. Stevenson. Dwight D. Eisenhower divenne il 34° presidente degli Stati Uniti e il primo presidente repubblicano in 20 anni.

Durante il primo mandato di Eisenhower come presidente, 1953-57, la guerra di Corea finì e gli Stati Uniti raggiunsero la più grande prosperità della loro storia fino a quel momento. Nel 1956 il partito repubblicano rinominò all'unanimità Eisenhower per la presidenza.

Facendo una campagna su una piattaforma di "pace e prosperità", Dwight D. Eisenhower sconfisse decisamente lo stesso avversario democratico, Stevenson. Ha ottenuto più di 35 milioni di voti popolari e 457 voti elettorali. Stevenson ricevette circa 26 milioni di voti popolari e 73 voti elettorali. Richard Nixon fu nuovamente eletto vicepresidente.

35. John F. Kennedy (1961-1963)

Partito democratico | Vicepresidente: Lyndon B. Johnson

"Coloro che osano fallire miseramente possono ottenere grandi risultati".

Nel novembre 1960, all'età di 43 anni, John F. Kennedy divenne il più giovane uomo mai eletto presidente degli Stati Uniti. Theodore Roosevelt era diventato presidente a 42 anni quando il presidente William McKinley fu assassinato, ma non fu eletto a quell'età. Il 22 novembre 1963, John F. Kennedy fu colpito a morte a Dallas, Texas, il quarto presidente degli Stati Uniti a morire per un proiettile di un assassino.

John F. Kennedy fu il primo presidente cattolico della nazione. Fu inaugurato nel gennaio 1961, succedendo al presidente repubblicano

Dwight D. Eisenhower. Sconfisse il candidato repubblicano, il vicepresidente Richard M. Nixon, per poco più di 100.000 voti. Fu una delle elezioni più ravvicinate nella storia della nazione. Anche se Kennedy e il suo compagno di corsa alla vicepresidenza, Lyndon B. Johnson, ottennero meno della metà degli oltre 68 milioni di voti espressi, vinsero il voto del Collegio Elettorale. John F. Kennedy divenne così il 14° presidente di minoranza.

A causa del voto ravvicinato, i risultati delle elezioni furono contestati in molti stati. Il voto elettorale ufficiale fu Kennedy 303, Nixon 219, e il senatore Harry F. Byrd della Virginia 15.

36. Lyndon B. Johnson (1963-1969)

Partito democratico | Vicepresidente: Hubert Humphrey

"I libri e le idee sono le armi più efficaci contro l'intolleranza e l'ignoranza".

Il 22 novembre 1963, Lyndon B. Johnson prestò giuramento come 36° presidente degli Stati Uniti. Alla sua destra stava sua moglie, Lady Bird. Alla sua sinistra c'era Jacqueline Kennedy, con la faccia di pietra dallo shock. Meno di due ore prima, il presidente John F. Kennedy era morto in un ospedale di Dallas per le pallottole di un assassino. Gli avevano sparato mentre viaggiava in un corteo attraverso il centro di Dallas. Johnson, che viaggiava due auto dietro Kennedy, era rimasto illeso.

Come vicepresidente degli Stati Uniti, Lyndon Johnson divenne immediatamente presidente. Era il quarto vicepresidente ad essere spinto nella massima carica della nazione dall'assassinio del suo predecessore. Il primo messaggio del nuovo presidente alla nazione, trasmesso in televisione la sera di quel fatidico giorno al suo arrivo alla Andrews Air Force Base, vicino a Washington, D.C., fu breve. "Farò del mio meglio. Questo è tutto quello che posso fare. Chiedo il vostro aiuto e quello di Dio".

Il 3 novembre 1964, gli elettori della nazione elessero Johnson per un intero mandato. Egli sconfisse in modo schiacciante il senatore repubblicano Barry M. Goldwater dell'Arizona. Il senatore Hubert H. Humphrey del Minnesota fu eletto vicepresidente. Lyndon B. Johnson definì la sua vittoria schiacciante "un tributo al programma iniziato dal nostro amato presidente, John F. Kennedy".

37. Richard Nixon (1969-1974)

Partito repubblicano | Vice presidenti: Spiro Agnew e Gerald Ford

"Ricorda sempre che gli altri possono odiarti, ma quelli che ti odiano non vincono, a meno che tu non li odi, e allora ti distruggi".

Il primo presidente degli Stati Uniti a dimettersi dalla carica fu Richard Nixon. Prima del suo ritiro di metà mandato nel 1974, era stato solo il secondo presidente ad affrontare l'impeachment.

Nel 1968, in una rimonta politica senza precedenti nella storia americana, Nixon fu eletto 37° presidente degli Stati Uniti. Questa vittoria seguiva due grandi sconfitte politiche. Nella sua prima candidatura alla presidenza nel 1960, il candidato democratico, John F. Kennedy, lo sconfisse. Due anni dopo subì una pesante sconfitta nella sua campagna per il

governatorato del suo stato natale, la California. Poi si ritirò
temporaneamente dalla politica per praticare l'avvocatura.

Prima delle elezioni del 1960, la carriera politica di Nixon era stata una
serie ininterrotta di successi. Fu eletto al Congresso degli Stati Uniti nel
1946, entrò nel Senato degli Stati Uniti come membro più giovane nel
1951 e due anni dopo, a 39 anni, divenne il secondo vicepresidente più
giovane della nazione. (Il più giovane era John C. Breckinridge.) Richard
Nixon servì due mandati sotto il repubblicano Dwight D. Eisenhower.

Nel 1969 Richard Nixon fu il primo presidente dall'inizio del sistema
bipartitico ad entrare in carica handicappato da un Congresso di
opposizione. Il suo sottile margine sui 73 milioni di voti espressi lo rese il
15° presidente di minoranza. Nixon, con 301 voti elettorali, sconfisse il
vicepresidente Hubert H. Humphrey.

Rinominato nel 1972, Richard Nixon ottenne un record di 46 milioni di voti
popolari e vinse 49 stati. Anche se George McGovern, il candidato
democratico, ricevette solo 17 voti elettorali, i democratici mantennero il
controllo del Congresso. Fu una vittoria schiacciante per Nixon. Eppure nel
1974 il suo impeachment sembrava inevitabile a causa degli scandali
politici che coinvolgevano il suo staff.

38. Gerald Ford (1974-1977)

Partito repubblicano | Vicepresidente: Nelson Rockefeller

"Più lavori duramente, più sei fortunato, e io ho lavorato come un dannato".

Quando Gerald Ford divenne il 38° presidente degli Stati Uniti il 9 agosto 1974, il paese aveva per la prima volta nella sua storia un capo esecutivo nominato. Egli prese la guida del paese quando il suo predecessore, Richard Nixon, divenne il primo presidente degli Stati Uniti a dimettersi.

Nei due anni e mezzo di Gerald Ford come presidente, la sua più grande sfida fu quella di affrontare la grave recessione del paese. Alla fine del 1975 le sue caute politiche per limitare la spesa e controllare l'inflazione sembravano portare un costante miglioramento all'economia. La disoccupazione rimase comunque alta, e fu soprattutto su questo tema che Ford perse le elezioni del 1976 contro il candidato democratico, Jimmy Carter. Il primo incumbent dai tempi di Herbert Hoover ad essere sconfitto per la presidenza, Ford ricevette 241 voti elettorali da 27 stati. Carter vinse quasi 41 milioni di voti popolari, mentre Ford ne ottenne 39 milioni.

Gerald Ford era leader di minoranza della Camera dei Rappresentanti degli Stati Uniti quando il presidente Nixon lo designò vicepresidente il 12 ottobre 1973. Il vicepresidente Spiro T. Agnew si era dimesso due giorni prima, dopo essersi dichiarato non colpevole di un'accusa di evasione fiscale federale.

Gerald Ford è salito alla vicepresidenza in base al 25° emendamento alla Costituzione, approvato nel 1967. Esso autorizza il presidente a riempire qualsiasi posto vacante nella carica di vicepresidente, soggetto a conferma con un voto di maggioranza in entrambe le camere del Congresso.

Gli scandali dell'amministrazione Nixon resero chiaro che Ford poteva essere elevato alla presidenza. Il Congresso lo sottopose all'esame più attento che sia mai stato fatto a un pubblico ufficiale. Un'inchiesta del Federal Bureau of Investigation e audizioni aperte del Congresso portarono alla conferma di Ford con un voto di 92 a 3 al Senato e 387 a 35 alla Camera. Prestò giuramento il 6 dicembre 1973.

Nei suoi 25 anni come deputato repubblicano di Grand Rapids, Michigan, Gerald Ford era inequivocabilmente di parte e conservatore nella sua politica. La sua opposizione democratica lo rispettava come politico, tuttavia, e gli piaceva come uomo affidabile e senza pretese.

39. Jimmy Carter (1977-1981)

Partito democratico | Vicepresidente: Walter Mondale

*"Dobbiamo adattarci ai tempi che cambiano e
rimanere fedeli ai principi immutabili".*

Nel novembre 1976 Jimmy Carter fu eletto il 39° presidente degli Stati
Uniti. La sua enfasi sulla moralità nel governo e la sua preoccupazione per
il benessere sociale fecero appello agli elettori che erano disturbati dalla
corruzione nel governo e dai problemi economici.

Nel vincere la presidenza, Jimmy Carter e il suo candidato vicepresidente,
Walter F. Mondale del Minnesota, sconfissero il repubblicano in carica,
Gerald R. Ford, e il suo compagno di corsa, il senatore Robert J. Dole del
Kansas. Carter ottenne la metà del voto popolare e ricevette 297 voti
elettorali da 23 stati e dal Distretto di Columbia.

Rinominato nel 1980, nonostante una forte sfida da parte del senatore
Edward Kennedy del Massachusetts, Carter ricevette solo 49 voti
elettorali da sei stati e dal distretto. Perse contro il candidato
repubblicano, Ronald Reagan, con una valanga di voti. Carter era stato il

primo uomo cresciuto nel profondo Sud ad essere eletto presidente dai tempi precedenti la guerra civile.

40. Ronald Reagan (1981-1989)

Partito repubblicano | Vicepresidente: George H. W. Bush

"Il più grande leader non è necessariamente quello che fa le cose più grandi. È quello che fa fare alla gente le cose più grandi".

Con un'incredibile frana elettorale, Ronald Reagan fu eletto 40° presidente degli Stati Uniti nel 1980. Un ex attore noto per il suo fascino popolare e la sua disinvoltura come oratore pubblico, il Grande Comunicatore, come è stato talvolta chiamato, ha vinto i voti di gruppi divergenti che non avevano tradizionalmente sostenuto il Partito Repubblicano. Sconfisse Jimmy Carter, il presidente democratico in carica, con un voto elettorale di 489 a 49. Nel 1984 Ronald Reagan fu rieletto con 525 voti elettorali senza precedenti.

Ronald Reagan era considerato il candidato più conservatore a vincere la carica in mezzo secolo. Era un critico dei programmi di assistenza sociale, un sostenitore di un forte esercito e uno zelante oppositore del comunismo. Era anche uno dei pochi uomini a diventare presidente che non aveva trascorso la maggior parte della sua vita in politica o in una professione di servizio pubblico strettamente collegata.

Per 30 anni Ronald Reagan era stato principalmente un intrattenitore alla radio, al cinema e in televisione. Anche se era stato attivo nelle cause politiche, non è diventato un candidato per un ufficio pubblico fino alla metà dei suoi 50 anni.

41. George H. W. Bush (1989-1993)

Partito repubblicano | Vicepresidente: Dan Quayle

"Mio zio mi aveva offerto un lavoro a Wall Street. Ma io volevo andarmene. Una cosa del tipo "fai da te"".

Dopo aver servito due mandati come vicepresidente sotto Ronald Reagan, George H.W. Bush fu eletto 41° presidente degli Stati Uniti nel 1988. Per la prima volta dalla vittoria di Martin Van Buren nel 1836, un vicepresidente in carica è succeduto direttamente alla presidenza attraverso un'elezione piuttosto che attraverso la morte o le dimissioni del presidente in carica.

George H.W. Bush, il candidato repubblicano, sconfisse il suo avversario democratico, il governatore Michael Dukakis del Massachusetts, con il 53% del voto popolare e 426 voti elettorali.

L'evento determinante della presidenza Bush fu la guerra del Golfo Persico, in cui una forza multinazionale guidata dagli Stati Uniti costrinse l'Iraq a ritirarsi dal Kuwait.

La guerra ha fatto salire la popolarità di George H.W. Bush a circa il 90% all'inizio del 1991, la più alta mai misurata per un presidente degli Stati Uniti fino a quel momento. Tuttavia, a metà del 1992 il suo indice di popolarità era sceso sotto il 30% a causa dell'economia in difficoltà.

George H.W. Bush fallì nel suo tentativo di rielezione, perdendo le elezioni del 1992 contro il democratico Bill Clinton. Bush ha vinto solo il 37% del voto popolare, meno di qualsiasi altro incumbent da quando William Howard Taft perse la presidenza nel 1912.

42. Bill Clinton (1993-2001)

Partito democratico | Vicepresidente: Al Gore

"Facciamo tutti meglio quando lavoriamo insieme. Le nostre differenze contano, ma la nostra comune umanità conta di più".

Sottolineando il cambiamento e una "nuova alleanza" tra cittadini e governo, il governatore Bill Clinton dell'Arkansas è stato eletto 42° presidente degli Stati Uniti nel 1992. Era uno degli uomini più giovani e il primo democratico dal 1976 ad essere eletto alla più alta carica del paese.

Bill Clinton e il suo vicepresidente, il senatore Al Gore del Tennessee, sconfissero il ticket repubblicano del presidente George Bush e del vicepresidente Dan Quayle. Clinton fu rieletto nel 1996, diventando il primo presidente democratico dai tempi di Franklin D. Roosevelt ad essere eletto per un secondo mandato completo.

Un presidente popolare, Bill Clinton ha supervisionato la più lunga espansione economica del paese in tempo di pace. La sua presidenza fu tuttavia macchiata da scandali. Nel 1998 divenne solo il secondo presidente degli Stati Uniti ad essere messo sotto accusa. Fu assolto dal Senato nel 1999.

43. George W. Bush (2001-2009)

Partito repubblicano | Vicepresidente: Dick Cheney

*"Voglio solo che sappiate che, quando parliamo di
guerra, in realtà stiamo parlando di pace".*

George W. Bush, il figlio maggiore dell'ex presidente degli Stati Uniti
George Bush, emerse dall'ombra del suo famoso padre per essere eletto
lui stesso presidente nel 2000. Come popolare governatore del Texas,
George W. Bush aveva conquistato l'attenzione nazionale come un
cosiddetto "nuovo repubblicano" che combinava i tradizionali valori del
partito repubblicano con una visione sociale auto-descritta di
"conservatore compassionevole".

La combinazione di carisma da ragazzo di campagna e di entusiasmo
sconfinato di George W. Bush lo ha aiutato a vincere l'elezione come 43°
capo dell'esecutivo del paese. Con la sua vittoria, ha preso il suo posto

accanto a John Quincy Adams come secondo figlio di un presidente a servire nella carica.

Per raggiungere la Casa Bianca, tuttavia, Bush ha dovuto vincere una delle elezioni presidenziali più ravvicinate e combattute della storia degli Stati Uniti. Il totale finale dei voti popolari ha messo Bush e il suo vice-presidente, l'ex membro del Congresso del Wyoming Dick Cheney, dietro il candidato democratico, il vicepresidente Al Gore, e il suo compagno di corsa, il senatore Joseph Lieberman del Connecticut, di circa 500.000 voti su più di 100 milioni di voti espressi.

George W. Bush ha portato abbastanza stati, tuttavia, per dargli un totale di 271 voti nel collegio elettorale, uno in più del numero minimo richiesto per prendere la presidenza; Gore è caduto appena sotto, con 266 voti elettorali. Con la vittoria repubblicana - che fu assicurata solo dopo settimane di riconteggi e sfide legali - Bush divenne il primo presidente ad essere eletto pur avendo perso il voto popolare dal 1888, quando Benjamin Harrison sconfisse Grover Cleveland. Il voto elettorale fu il più vicino da quando Rutherford B. Hayes sconfisse Samuel J. Tilden per un solo voto elettorale nel 1876.

George W. Bush e Cheney hanno vinto la rielezione per un secondo mandato nel 2004 sui loro sfidanti democratici, il senatore John Kerry del Massachusetts e il senatore John Edwards del North Carolina. La sicurezza nazionale è stata una questione politica importante nelle elezioni, che sono state le prime elezioni presidenziali negli Stati Uniti dopo gli attacchi terroristici dell'11 settembre 2001.

Con il paese quasi equamente diviso su molte questioni, entrambi i partiti hanno combattuto per le elezioni con campagne particolarmente intense, aspre e costose. George W. Bush e Cheney furono rieletti con 286 voti elettorali contro i 251 dei democratici e con una piccola ma chiara maggioranza nel voto popolare.

44. Barack Obama (2009-2017)

Partito democratico | Vicepresidente: Joe Biden

"Il modo migliore per non sentirsi senza speranza è alzarsi e fare qualcosa. Non aspettare che ti accadano cose buone. Se esci e fai accadere delle cose buone, riempirai il mondo di speranza, riempirai te stesso di speranza".

In soli quattro anni Barack Obama ha compiuto un'improbabile ascesa dalla legislatura statale dell'Illinois alla più alta carica degli Stati Uniti. Primo afroamericano a vincere la presidenza, ha fatto la storia con la sua clamorosa vittoria sul repubblicano John McCain nelle elezioni del 2008.

L'eloquente messaggio di speranza e cambiamento di Barack Obama ha attirato gli elettori in tutto il paese, anche in stati che erano stati per decenni senza sostenere un candidato presidenziale democratico. Obama e il suo vicepresidente, Joe Biden, sono stati eletti per un secondo mandato nel 2012.

Per la maggior parte della sua presidenza Barack Obama ha dovuto affrontare l'ostinata opposizione repubblicana a quasi tutte le sue proposte. Ciononostante, ha aiutato a tirare fuori l'economia da una crisi storica e ha supervisionato il passaggio di una legge storica sulla riforma sanitaria. Barack Obama ha anche portato a termine l'impopolare guerra in Iraq e ha ottenuto progressi diplomatici con l'Iran e Cuba.

45. Donald Trump (2017-2021)

Partito repubblicano | Vicepresidente: Mike Pence

"Guarda, ascolta e impara. Non puoi sapere tutto da solo. Chiunque pensi di saperlo è destinato alla mediocrità".

In un sorprendente sconvolgimento politico, Donald Trump è stato eletto il 45° presidente degli Stati Uniti nel 2016. Ha fatto la storia come il primo candidato a vincere l'elezione alla più alta carica del paese senza avere precedenti esperienze politiche o militari.

Prima di entrare in politica, Donald Trump ha fatto una fortuna come immobiliarista e ha guadagnato fama come star dei reality televisivi. Nel 2016 il suo status di celebrità lo ha aiutato a vincere la nomination presidenziale del Partito Repubblicano, e nelle elezioni generali ha sconfitto Hillary Clinton per prendere la presidenza. È stato presidente dal 2017 al 2021.

Donald Trump ha anche fatto la storia come il primo presidente ad essere impeachmentato due volte. È stato impeachmentato nel 2019 con due accuse, abuso di potere e ostruzione del Congresso. È stato accusato di aver fatto pressione sull'Ucraina per avviare indagini sugli affari del suo rivale politico, Joe Biden, e sul figlio di Biden.

Le indagini avrebbero potuto far sembrare che Biden fosse coinvolto in uno scandalo, danneggiando potenzialmente le sue possibilità alle prossime elezioni presidenziali. Trump è stato scagionato da entrambe le accuse al suo processo in Senato.

Dopo che Donald Trump ha perso le elezioni presidenziali del 2020 contro Biden, Trump ha insistito falsamente che c'erano stati diffusi brogli elettorali. Lui e i suoi alleati perseguirono diverse strade per cercare di ribaltare i risultati delle elezioni. Trump ha subito un nuovo impeachment nel 2021, accusato di aver incoraggiato una folla violenta di suoi sostenitori a prendere d'assalto il Campidoglio degli Stati Uniti mentre i risultati delle elezioni venivano certificati.

46. Joe Biden (2021-oggi)

Partito democratico | Vicepresidente: Kamala Harris

"Il vero coraggio è quando ci sono pochissime possibilità di vincere, ma si continua a combattere".

Il politico democratico Joe Biden è diventato il 46° presidente degli Stati Uniti nel 2021. Ha avuto una lunga carriera politica. Biden era uno dei più giovani senatori della storia degli Stati Uniti quando entrò in carica nel 1973. Vincendo la rielezione sei volte, si è assicurato l'onore di essere il senatore più longevo del Delaware.

Nel 2008 Joe Biden è stato eletto vicepresidente degli Stati Uniti come compagno di corsa di Barack Obama. Biden è stato vicepresidente dal 2009 al 2017. Joe Biden ha corso per la presidenza nel 2020 come candidato democratico.

Il tuo regalo

Hai un libro nelle tue mani.

Non è un libro qualsiasi, è un libro della Student Press Books! Scriviamo di eroi neri, donne che danno potere, mitologia, filosofia, storia e altri argomenti interessanti!

Dato che hai comprato un libro, vogliamo che tu ne abbia un altro gratis.

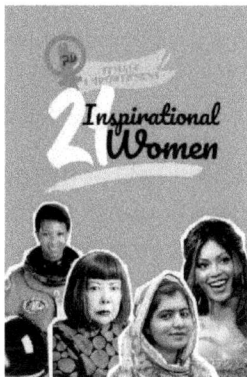

Tutto ciò di cui hai bisogno è un indirizzo e-mail e la possibilità di iscriverti alla nostra newsletter (il che significa che puoi cancellarti in qualsiasi momento).

Allora, cosa stai aspettando? Iscriviti oggi e richiedi il tuo libro gratis all'istante! Tutto quello che devi fare è visitare il link qui sotto e inserire il tuo indirizzo e-mail. Ti verrà inviato il link per scaricare subito la versione PDF del libro in modo da poterlo leggere offline in qualsiasi momento.

E non preoccupatevi - non ci sono fregature o costi nascosti; solo un buon vecchio omaggio da parte nostra qui a Student Press Books.

Visita subito questo link e iscriviti per ricevere la tua copia gratuita di uno dei nostri libri!

Link: https://campsite.bio/studentpressbooks

Libri

I nostri libri sono disponibili in tutti i principali rivenditori di libri online. Guarda i nostri pacchetti di libri digitali qui:
https://payhip.com/studentPressBooksIT

La serie di libri dedicata alla Storia dei Neri.

Benvenuti nella serie di libri dedicata alla storia dei neri. Imparate a conoscere quali sono i punti di riferimento nel panorama nero con queste ispiranti biografie di pionieri e pioniere dell'America, dell'Africa e dell'Europa. Sappiamo tutti che la Storia Nera è importante, ma purtroppo può essere difficile trovare dei buoni materiali da leggere.

Molti di noi hanno familiarità con i più noti protagonisti della cultura popolare e dei libri di storia, ma in questi volumi verranno presentati anche anche uomini e donne neri meno conosciuti di tutto il mondo, le cui storie meritano di essere raccontate. Questi libri biografici vi aiuteranno a capire meglio come le sofferenze e le azioni delle persone hanno plasmato i loro paesi e le loro comunità per le generazioni a venire.

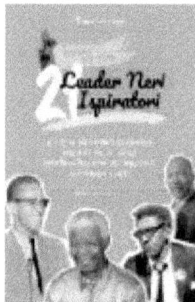

Titoli disponibili:

1. 21 leader neri ispiratori: Le vite di importanti personaggi influenti del 20° secolo: Martin Luther King Jr., Malcolm X, Bob Marley e altri
2. 21 donne nere eccezionali: Storie di donne nere influenti del 20° secolo: Daisy Bates, Maya Angelou e altre

La serie di libri Empowerment Femminile.

Benvenuti alla serie di libri Empowerment femminile. Imparate a conoscere le impavide icone femminili dei tempi moderni con le ispiranti biografie delle pioniere di tutto il mondo. L'empowerment femminile è un argomento importante che merita più attenzione di quanta ne riceva. Per secoli alle donne è stato detto che il loro posto era in casa, ma molte di loro si sono rifiutate di crederlo.

Le donne sono ancora poco rappresentate nei libri di storia, le poche che vengono nominate nei libri di testo di solito tendono ad essere relegate in poche righe. Eppure, la storia è piena di storie di donne forti, intelligenti e indipendenti che hanno superato gli ostacoli e cambiato il corso degli eventi semplicemente perché volevano vivere la loro vita.

Questi libri biografici ti ispireranno insegnandoti anche preziose lezioni sulla perseveranza e il superamento delle avversità! Impara da questi esempi che tutto è possibile se ci si impegna!

Titoli disponibili:

1. 21 donne eccezionali: Le vite delle intrepidi donne che hanno combattuto per la libertà superando tutti i confini: Angela Davis, Marie Curie, Jane Goodall e altre
2. 21 donne ispiratrici: Le vite di donne coraggiose e influenti del 20° secolo: Kamala Harris, Madre Teresa e altre
3. 21 donne fantastiche: Le ispiranti vite di artiste femminili del 20° secolo: Madonna, Yayoi Kusama e altre
4. 21 donne fantastiche: Le vite influenti di audaci donne di scienza del 20° secolo

La serie di libri Leader Mondiali.

Benvenuti nella serie di libri sui leader mondiali. Scopri i protagonisti Reali e i presidenti del Regno Unito, degli Stati Uniti e di altri paesi. Grazie a queste biografie dei Reali, dei Presidenti e dei Capi di Stato, imparerai a conoscere meglio chi sono le persone che hanno avuto il coraggio di guidare una nazione, il tutto correlato da citazioni, curiosità e immagini.

La gente è affascinata dalla storia, dalla politica e da coloro che l'hanno plasmata. Questi libri presentano nuove prospettive sulla vita di tali personaggi importanti. Questa serie è perfetta per chiunque voglia saperne di più sui grandi leader del nostro mondo: giovani lettori ambiziosi e adulti che amano leggere di persone interessanti.

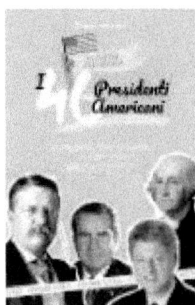

Titoli disponibili:

1. Gli 11 reali britannici: La biografia della famiglia Windsor: la regina Elisabetta II e il principe Filippo, Harry e Meghan e altri
2. I 46 presidenti americani: Le loro storie, imprese e lasciti: da George Washington a Joe Biden
3. I 46 presidenti americani: Le loro storie, imprese e lasciti - Edizione estesa

La serie di libri Mitologia accattivante.

Benvenuti nella serie di libri Mitologia accattivante. Scopri gli dèi e le dee dell'Egitto e della Grecia, le divinità nordiche e altre creature mitologiche.

Chi sono questi antichi dèi e dee? Cosa sappiamo di loro? Chi erano veramente? Perché la gente li adorava nell'antichità e da dove venivano?

Questi libri presentano nuove prospettive sugli antichi dèi che ispireranno i lettori a considerare il loro posto nella società e a conoscere la storia.

Questi libri di mitologia prendono in considerazione anche fattori influenti come la religione, la letteratura e l'arte in un formato accattivante con foto e illustrazioni suggestive.

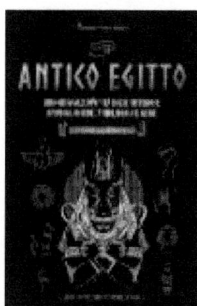

Titoli disponibili:

1. Antico Egitto: Una guida alle divinità egizie misteriose: Amon-Ra, Osiride, Anubi, Horus e altre
2. Antica Grecia: Una guida agli dèi, dee, divinità, titani ed eroi greci classici: Zeus, Poseidone, Apollo e altri
3. Antichi racconti norreni: Scopri gli dèi, le dee e i giganti dei vichinghi: Odino, Loki, Thor, Freia e altri

La serie di libri Teoria Semplice.

Benvenuti alla serie di libri Teoria Semplice. Scopri la filosofia, le idee dei filosofi antichi e altre teorie interessanti. Questi libri presentano le biografie e le idee dei filosofi più noti di luoghi chiave come l'antica Grecia e la Cina.

La filosofia è una materia complessa e molte persone fanno fatica a capirne anche solo le basi. Questi libri sono progettati per aiutarti ad imparare di più sulla filosofia e sono unici grazie al loro approccio semplice. Capire a fondo la filosofia non è mai stato così facile o divertente come in questo caso. Inoltre, ogni volume include anche delle domande in modo che tu possa scavare più a fondo nei tuoi pensieri e nelle tue opinioni!

Titoli disponibili:

1. Filosofia greca: Le vite e le idee dei filosofi dell'antica Grecia: Socrate, Platone, Pitagora e altri
2. Etica e morale: Filosofia morale, bioetica, sfide mediche e filosofi correlati

La serie di libri Empowerment dei giovani imprenditori

Benvenuti alla serie di libri dedicati all'Empowerment dei Giovani Imprenditori. Non è mai troppo presto per i giovani ambiziosi per iniziare a far carriera! Che tu sia un giovane dalla mentalità imprenditoriale che sta cercando di costruire il proprio impero, o un aspirante imprenditore che sta iniziando a risalire la strada lunga e tortuosa, questi libri ti ispireranno con le storie di imprenditori di successo.

Scopri le loro vite, i loro fallimenti e successi che ti faranno venire voglia di prendere il controllo della tua vita invece di viverla passivamente!

Titoli disponibili:

1. 21 Imprenditori di successo: Le vite di importanti personaggi influenti del 20° secolo: Elon Musk, Steve Jobs e altri
2. 21 Imprenditori rivoluzionari: Le vite di incredibili uomini d'affari del 19° secolo: Henry Ford, Thomas Edison e altri

La serie di libri Storia facile.

Benvenuto nella serie di libri Storia facile. Esplora vari soggetti storici dall'età della pietra ai tempi moderni, più le idee e le persone influenti che hanno vissuto nel corso dei secoli.

Questi libri sono un ottimo modo per farvi appassionare alla storia. Le persone sono spesso scoraggiate da libri di testo pesanti e noiosi, ma amano le storie delle persone comuni che hanno fatto la differenza nel mondo. Questi volumi ti daranno l'opportunità di scoprire le loro storie imparando importanti informazioni storiche.

Titoli disponibili:

1. La prima guerra mondiale: La prima guerra mondiale, le sue grandi battaglie, le persone e le forze coinvolte
2. La Seconda Guerra Mondiale: La storia della seconda guerra mondiale, Hitler, Mussolini, Churchill e altri protagonisti coinvolti
3. L'Olocausto: I nazisti, l'ascesa dell'antisemitismo, la Notte dei cristalli e i campi di concentramento di Auschwitz e Bergen-Belsen
4. La rivoluzione francese: L'Ancien régime, Napoleone Bonaparte e le guerre rivoluzionarie francesi, napoleoniche e della Vandea

I nostri libri sono disponibili in tutti i principali rivenditori di libri online. Guarda i nostri pacchetti di libri digitali qui:
https://payhip.com/studentPressBooksIT

Conclusione

Speriamo che ti sia piaciuto leggere dei 46 presidenti americani.

Hai imparato fatti interessanti sui presidenti americani, compreso quello che hanno fatto prima di diventare presidente, come ognuno di loro ha ricoperto la carica, dove sono ora e cosa fanno nella vita, ecc.

Pensiamo che ti sia piaciuto conoscere questi uomini coraggiosi che hanno osato diventare presidente degli Stati Uniti.

Speriamo che ti sia piaciuto conoscere alcune delle caratteristiche più importanti che possedevano, come il coraggio, l'intelligenza e la determinazione.

Hai letto questa lettura educativa? Cosa ne pensi? Faccelo sapere con una bella recensione del libro!

Ci piacerebbe molto, quindi assicurati di scriverne una!

Milton Keynes UK
Ingram Content Group UK Ltd.
UKHW021810280724
446129UK00014B/551

9 789493 258228